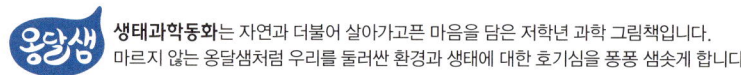
생태과학동화는 자연과 더불어 살아가고픈 마음을 담은 저학년 과학 그림책입니다.
마르지 않는 옹달샘처럼 우리를 둘러싼 환경과 생태에 대한 호기심을 퐁퐁 샘솟게 합니다.

Vom Küken, das wissen wollte, wer seine Mama ist
By Brigitte Endres (Text) / Julia Dürr (Illustration)
First published in 2014 by aracari verlag rights & license
Copyright Text & Illustration © 2010 by aracari verlag rights & license AG

All rights reserved.

No part of this book may be used or reproduced in any manner
Whatsoever without written permission except in the case of brief quotations
Embodied in critical articles or reviews.

Korean Translation Copyright © 2015 by Darim Publishing Co.
This Korea edition published by arrangement with aracari verlag rights & license through Icarias Agency

이 책의 한국어판 저작권은 Icarias Agency를 통해 aracari verlag rights & license와 독점 계약한 도서출판 다림에 있습니다.
저작권법에 의해 한국 내에서 보호를 받는 저작물이므로 무단 전재와 복제를 금합니다.

누가 우리 엄마예요?

브리기테 엔드레스 글 · 율리아 뒤르 그림 · 송소민 옮김

다림

달팽이가 얼굴을 쑥 내밀었어요.
"어머나! 달걀이네!"
달팽이는 잠에서 덜 깬 목소리로 말했어요.

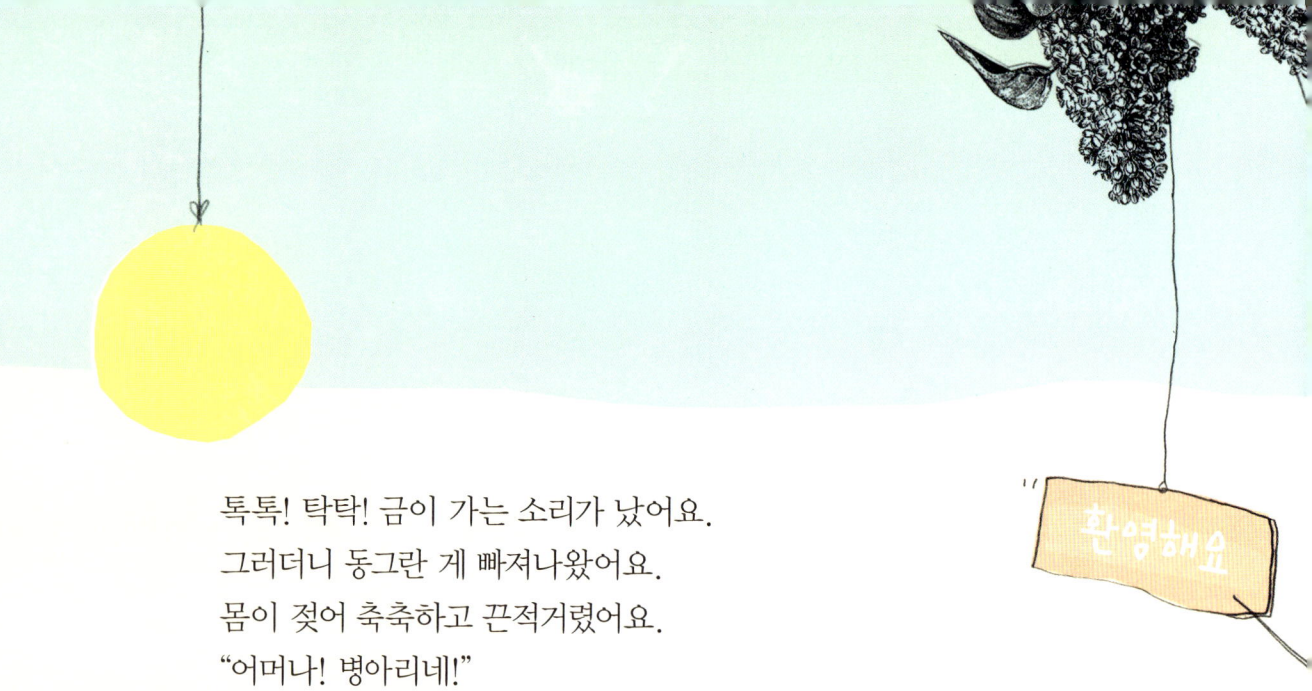

톡톡! 탁탁! 금이 가는 소리가 났어요.
그러더니 동그란 게 빠져나왔어요.
몸이 젖어 축축하고 끈적거렸어요.
"어머나! 병아리네!"
달팽이가 말했어요.

"엄마!"
병아리가 삐악삐악 불렀어요.

"아냐, 아냐!"
달팽이는 고개를 절레절레 저었어요.
"난 네 엄마가 아니야! 내 알들은 데굴데굴 굴러다니지 않아!
내 알들은 끈적끈적하고 찐득찐득하고 물컹물컹하고 흐물흐물해.
나는 땅속에 알을 낳지."

달팽이는 두리번거리며 더듬이를 쭉 뻗었어요.
"여긴가 아니면 저긴가? 아니면 저기 저쪽에 알을 낳았나?
몰라 몰라, 내 알들은 나를 찾지 않아! 스스로 다 알아서 하니까."
달팽이는 하품을 하고 껍데기 안으로 들어가
다시 꾸벅꾸벅 졸기 시작했어요.

"엄마! 엄마!"
병아리가 삐악삐악 울었어요.
하지만 해님만 그 소리를 들었지요.
해님은 젖은 병아리를 보송보송하게 말려 힘과 용기를 주었어요.
"엄마!"
병아리가 삐악대며 엄마를 찾아 나섰어요.

쥐구멍 앞에 줄무늬 고양이가 웅크리고 앉아 있었어요.
고양이가 불퉁한 표정으로 고개를 들었어요.
"우리 엄마예요?"
삐악삐악 병아리가 물었어요.
"바보 같은 질문으로 성가시게 하지 마!"
고양이가 무섭게 그르렁댔어요.
"넌 알에서 나왔구나. 척 보면 알지. 내 아기는 내 배 속에서 자라. 그게, 원래 그런 거야!"

톡

엄마?

갑자기 고양이가 짐짓 다정스레 씩 웃으며 입맛을 다셨어요.
"나랑 같이 헛간에 가자꾸나! 우리 아기들이 좋아할 거야."

"다음에 갈게요. 전 엄마를 찾아야 해요."
병아리는 삐악대며 종종걸음으로 지나갔어요.

고양이는 화난 표정으로 병아리가 가는 모습을 보았어요.

틱

병아리가 뭔가에 탁 걸려 넘어졌어요.
"엄마?"
병아리가 삐악댔어요. 하지만 쪼그만 애벌레였어요.
"제발 나를 잡아먹지 마!"
애벌레는 기어들어 가는 목소리로 말하며 물컹한 푸딩처럼 부들부들 떨었어요.
"내가 널 먹을 수 있어?"
병아리가 삐악삐악 물었어요.

그때 나비 한 마리가 팔랑팔랑 날아왔어요.
"보아하니 넌 세상을 잘 모르는 것 같구나.
작은 애벌레가 어떻게 네 엄마가 될 수 있니?
게다가 애벌레는 할 일이 아주 많단다.
그 아이는 내가 쐐기풀 잎사귀에 붙여 놓았던
알에서 나온 지 겨우 3주밖에 되지 않았어.
이제 곧 고치를 지어야 해."
나비가 말했어요.

톡

콕!

"고치를 짓고 나면 나도 날 수 있죠?"
우쭐해진 애벌레가 물었어요.
"고치 속에서 날개가 자랄 때까지 기다려야 해.
하지만 네가 고치에서 나오면 엄마처럼 멋지게 날 수 있단다."

그 말을 남기고 나비는 여름 바람을 타고 훨훨 날아갔어요.

병아리는 풀이 죽은 채 연못으로 종종거리며 걸어갔어요.
"엄마! 엄마, 어디 있어?"
병아리가 삐약삐약 울었어요.

호기심이 생긴 개구리가 갈대숲에서 펄떡 뛰어나왔어요.
"우리 엄마예요?"
병아리가 삐약삐약 물었어요.

"개골개골, 개구리 아기들은 물속에서 살아. 저기 연못에 있는
진주 목걸이 같은 게 내가 낳은 알들이야. 어제 첫 번째 올챙이가 알에서 나왔지.
자, 보렴. 올챙이 아기들이 얼마나 재빠르게 헤엄치는지 말이야!
올챙이들은 점점 나를 닮아 간단다. 조금만 더 있으면 나처럼 무척 예뻐질 거야."
개구리가 개골개골 말했어요.
개구리는 터질 듯 빵빵하게 뺨을 부풀렸어요.
"개골개골, 하지만 너는 우리 가족이 아니야! 아무튼 좋은 하루 보내."
개구리가 연못에 뛰어들며 철썩 물을 튀기는 바람에 병아리는 또 축축해졌어요.

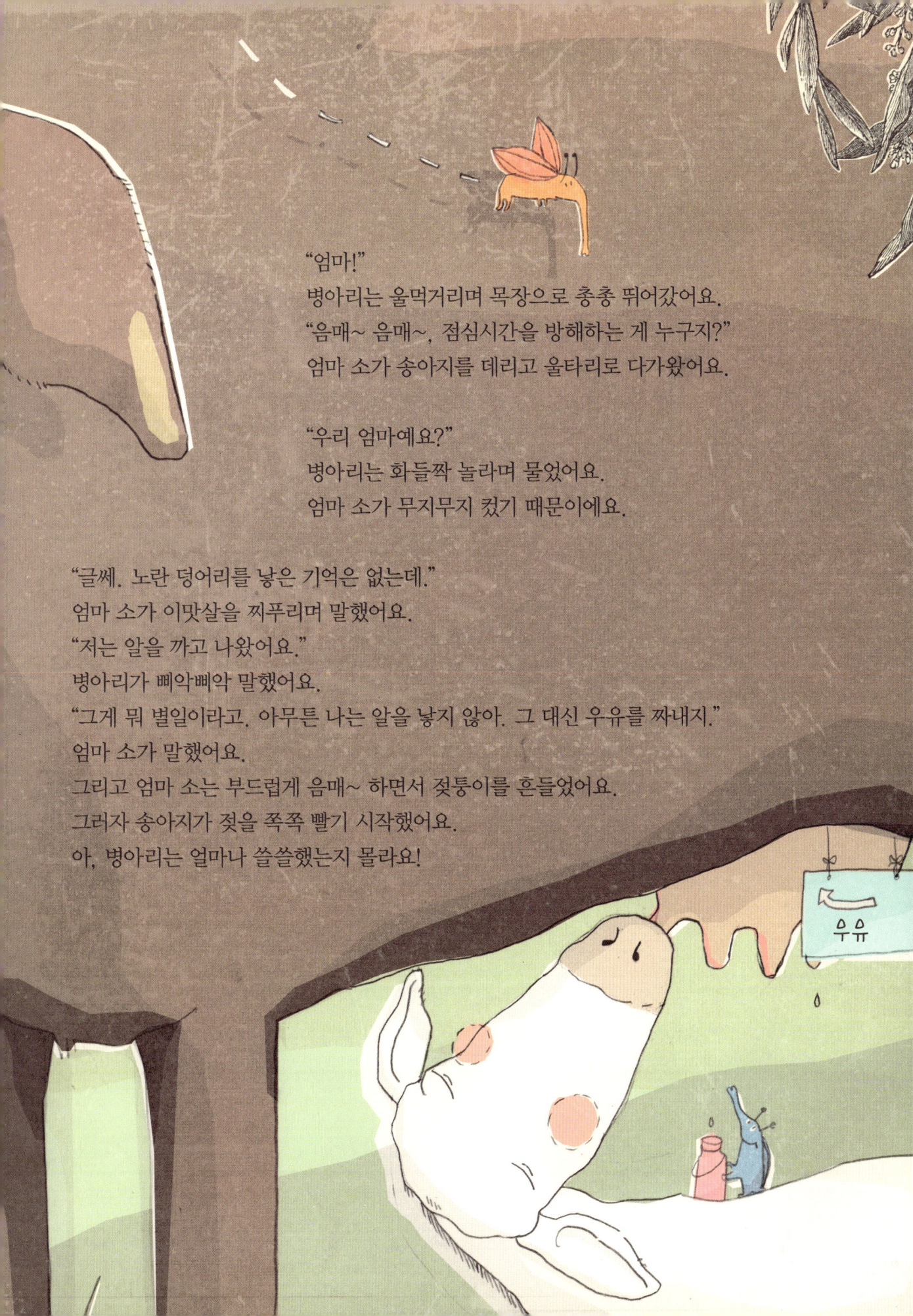

"엄마!"
병아리는 울먹거리며 목장으로 총총 뛰어갔어요.
"음매~ 음매~, 점심시간을 방해하는 게 누구지?"
엄마 소가 송아지를 데리고 울타리로 다가왔어요.

"우리 엄마예요?"
병아리는 화들짝 놀라며 물었어요.
엄마 소가 무지무지 컸기 때문이에요.

"글쎄. 노란 덩어리를 낳은 기억은 없는데."
엄마 소가 이맛살을 찌푸리며 말했어요.
"저는 알을 까고 나왔어요."
병아리가 삐악삐악 말했어요.
"그게 뭐 별일이라고. 아무튼 나는 알을 낳지 않아. 그 대신 우유를 짜내지."
엄마 소가 말했어요.
그리고 엄마 소는 부드럽게 음매~ 하면서 젖퉁이를 흔들었어요.
그러자 송아지가 젖을 쪽쪽 빨기 시작했어요.
아, 병아리는 얼마나 쓸쓸했는지 몰라요!

고개를 푹 떨구고 힘없이 걷던 병아리가 벚나무에 콩 부딪쳤어요.
병아리는 휘둥그레진 눈으로 무성한 나뭇잎을 쳐다보았어요.
나뭇잎 사이로 버찌가 빨갛게 익어 있었어요.
"혹시 우리 엄마예요?"
병아리는 기대하지는 않았지만 그래도 물어보았지요.
"너무너무 웃긴다!"
벚나무가 와사삭 몸을 흔들며 자지러지게 웃었어요.
"열매는 나무둥치에서 멀찍이 떨어지지 않아. 넌 나무에서 쿵 떨어진 건 아냐. 확실해."
병아리는 무슨 말인지 도무지 알아들을 수 없었어요.
"그럼 우리 엄마가 아니에요?"
"절대로 아니야!"
벚나무가 말했어요.
"우리 아기들은 버찌 열매 속에서 잠자고 있어. 버찌 열매가 땅에 떨어지면
그 열매에서 어린 나무가 싹 튼단다. 그런데 넌 열매에서 나온 것처럼 보이지는 않는구나."
"저는 알에서 나왔어요."
병아리가 삐악삐악 말했어요.
"거봐."
벚나무는 킥킥 웃으며 잎사귀를 와사삭 흔들었어요.

병아리가 벚나무 밑에서 조그만 날개를 축 늘어뜨린 채
쪼그리고 앉아 있을 때였어요.
지빠귀가 나무에서 내려와 지저귀기 시작했어요.
"뭐 이런 멍청한 새가 있어!
보아하니 넌 오늘 알을 깨고 나왔구나."

"그걸 어떻게 알았어요? 우리 엄마예요?"
병아리가 잔뜩 기대하며 삐악댔어요.
"턱도 없는 소리야~ 휘이익~."
지빠귀는 지저귀며 부리로 둥지를 가리켰어요.
둥지에 빽빽이 들어앉은 아기 새들이 주둥이를 쫙 벌리고 온 힘을 다해 빽빽대고 있었어요.
"쟤들을 보렴! 너보다 작지. 게다가 말이야……."
지빠귀가 말을 이었어요.
"우리 아기들은 아직 털이 나지 않은 알몸이야. 하지만 넌 샛노란 솜털이 보송보송 났잖아. 안됐지만 잘못 찾아왔어. 내게는 먹이를 줄 아기들이 이미 많단다."
지빠귀는 목청껏 빽빽대는 아기 새들의 먹이를 찾아 서둘러 날아갔어요.

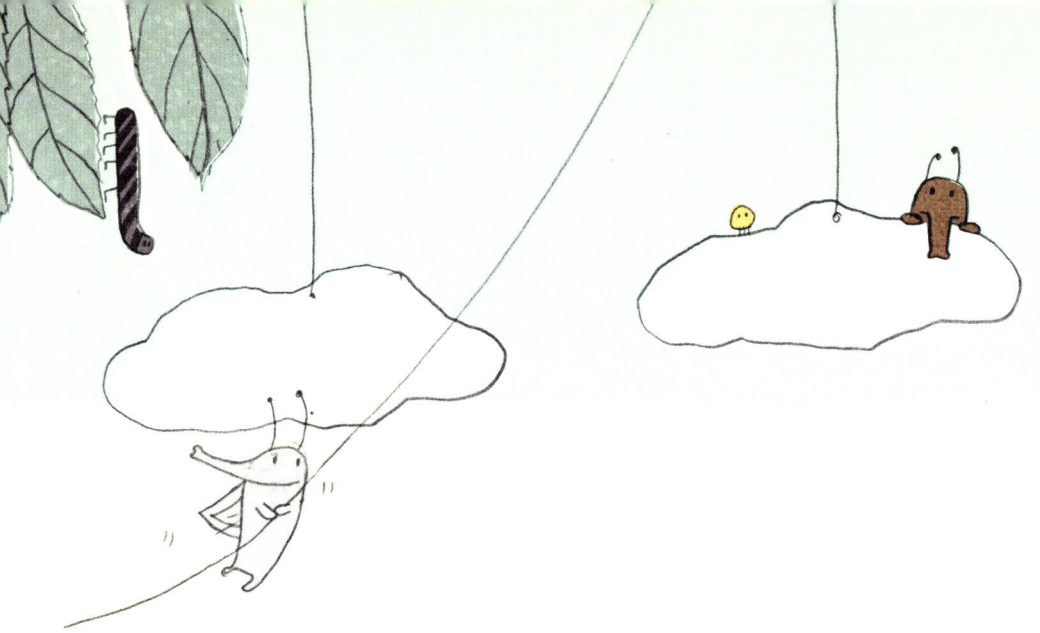

병아리는 어쩔 줄 몰라 주위를 둘러보았어요. 샛노란 꽃이 눈에 들어왔어요.
병아리는 급히 풀밭으로 총총 뛰어갔어요.

"엄마!"
꽃이 어리둥절해서 병아리 쪽으로 고개를 돌렸어요.
"나한테 하는 말이니?"

"우리 엄마가 맞죠? 나처럼 노랗잖아요."
병아리가 삐악삐악 말했어요.
그 말에 꽃이 와하하 웃었어요.
"말도 안 되는 소리야! 나는 민들레야! 내 새싹들은 너와는 다르게 생겼어.
활짝 핀 꽃이 시들면 그 자리에서 아주 작은 씨들이 자라지.
그리고 씨앗마다 내 아기들이 잠들어 있단다."

내 씨앗들은 모두 조그만 우산을 가지고 있어.
바람이 우산을 쓴 씨앗들을 저 멀리 날려 보내 준단다."
민들레는 미안해하며 고개를 숙였어요.
"난 네 엄마가 아니야."

병아리가 너무도 슬프게 삐악삐악 울자 민들레는 가엾은 마음이 들었어요.
"잠깐만 기다려 봐! 곧 꿀벌들이 다시 찾아올 거야.
꿀벌들은 여기저기 돌아다니니까 어쩌면 아는 게 있을지도 모르겠구나."

그리고 얼마 지나지 않아 정말로 꿀벌 한 마리가 붕붕 날아왔어요.
꿀벌은 민들레 꽃잎 사이로 쏙~ 들어갔어요.
"저기요, 우리 엄마가 어디에 있는지 알려 줄 수 있어요?"
병아리가 삐악삐악 물었어요.
꿀벌이 마뜩잖은 듯이 빨대 주둥이를 뽑았어요.
"붕붕, 붕붕. 너 보아하니 집에서 도망쳐 나왔구나?
우리 꿀벌 아기들은 집을 나가지 않아!
여왕벌님이 손수 벌집에 알을 낳지. 붕붕.
그리고 애벌레들이 통통해지면 벌집을 꼭 닫아 두지. 붕붕.
아기들은 다 자라야 밖으로 나올 수 있어. 붕붕.
아기들은 원래 그렇게 기르는 거야! 붕붕."
꿀벌이 붕붕대며 말했어요.

"물론 그렇지."
민들레가 중간에 끼어들었어요.
"너희 꿀벌들은 무척 똑똑해.
그러니까 넌 틀림없이 가엾은 병아리도 도와줄 수 있겠지?"
"당연하지. 붕붕."
꿀벌이 으쓱거리며 농가를 가리켰어요.
"하얀 암탉이 달걀을 찾고 있더라. 붕붕."
"하얀 암탉이요?"
병아리는 삐악삐악대며 냉큼 달려갔어요.

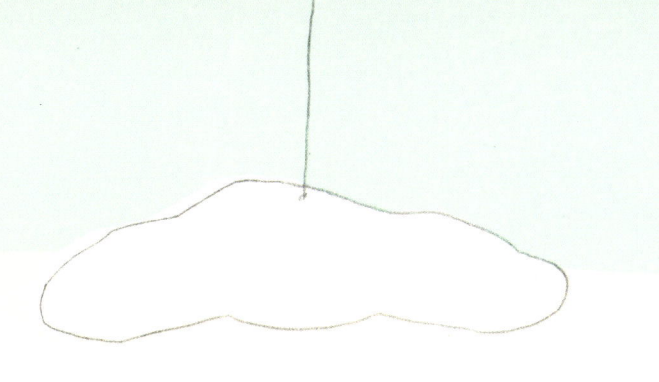

병아리는 총총 달리고 또 달려서 비석이 있는 곳까지 왔어요.
비석은 햇빛을 받아 하얗게 빛이 났어요.
"혹시, 혹시 하얀 암탉이에요?"
병아리가 숨을 할딱이며 물었어요.
하지만 비석은 아무런 표정을 짓지 않고, 대답도 하지 않았어요.

길가에 하얀 들꽃이 서 있어요.
"하얀 암탉이에요?"
병아리가 물었어요.
그 말에 까르르 웃음이 터진 들꽃이
몸을 심하게 흔들며 웃는 바람에
꽃자루에서 꽃잎이 와르르 떨어졌어요.
하지만 들꽃은 병아리에게 대답해 주지 않았어요.

그리고 무덤가에 놓인 낡고 허연 양동이도
병아리를 도와주지 않았어요.
아아, 병아리는 너무너무 외로웠어요!
하지만 그때 갑자기 무슨 소리가 들렸어요.
병아리에게 친근한 소리였어요.
병아리의 조그만 가슴을 콩닥콩닥 뛰게 하는 소리였어요.

"엄마! 엄마!"
병아리를 온 힘을 다해 삐악삐악 외쳤어요.
꼬끼오, 꼬꼬~! 길 너머에서 하얗고 풍만한 암탉이 헐레벌떡 달려오며 날개를 활짝 폈어요.
"내 꼬꼬, 꼬꼬 아기! 드디어 내 아기를 찾았어!"
하얀 암탉은 외치며 병아리를 품에 꼭 껴안았어요.
"엄마!"
병아리는 삐악삐악 외치며 따스하고 부드러운 깃털에 폭 파고들었어요.

붕붕거리며 지나가던 꿀벌이 그 장면을 보았어요.
"아기가 엄마를 찾았구나. 붕붕."
감동을 받은 꿀벌이 붕붕대며 곧 사방에 소식을 알렸어요.

모두가 기뻐했지요.
달팽이와 애벌레, 개구리와 엄마 소, 벚나무와 지빠귀,
그리고 누구보다 민들레가 가장 기뻐했어요.
오직 줄무늬 고양이만 좋아하지 않았답니다.
이제 다시는 하얀 암탉이 병아리를 잃어버리지 않을 테니까요.

동식물의 번식법에 대해 알아봐요!

모든 생물은 번식을 해요. 동물들은 알이나 새끼를 낳고, 식물은 씨앗을 통해 생명을 퍼트리지요. 포유류는 새끼를 낳아요. 개나 고양이를 떠올려 보세요. 갓 태어난 새끼는 제대로 걷지도 못하는 경우가 많아요. 그래서 엄마가 젖을 먹이고 정성껏 돌봐 줘야 해요. 조류(새)는 알을 낳아요. 어미 새가 따뜻하게 알을 품으면 그 안에서 새끼가 자라 마침내 알을 깨고 나오지요. 대부분의 새들은 솜털도 없이 태어나 눈도 못 뜬 채 입만 벌려 부모가 날라 주는 먹이를 받아먹으면서 자라요. 나는 법과 먹이를 구하는 법을 배울 때까지 부모의 보살핌을 받아야 해요.

곤충이나 파충류, 연체동물도 모두 알을 낳아요. 하지만 알을 낳는 장소나 알의 모양은 각기 다르답니다. 나비는 이파리 뒤에 알을 낳고 달팽이는 촉촉한 땅속에, 개구리는 물속에 알을 낳지요. 그런데 알에서 깨어난 새끼들의 모습은 부모와 많이 달라요. 아름다운 나비의 새끼는 애벌레예요. 나비 애벌레는 어느 정도 자라면 고치를 짓고 그 안에서 변신할 준비를 해요. 그리고 마침내 번데기에서 나오면 날개를 펼치고 날 수 있지요. 올챙이들도 개구리와 달리 물속에서 헤엄을 치며 살아요. 하지만 점차 꼬리가 짧아지고 앞다리, 뒷다리가 생기면서 개구리와 닮아 가지요. 올챙이들은 물속에서 아가미로 숨을 쉬지만 개구리가 되면 물 밖에서 폐와 피부로 숨을 쉴 수 있어요. 이렇게 알에서 태어난 새끼들은 부모의 도움 없이 스스로 자랍니다. 하지만 벌이나 개미와 같이 무리 생활을 하는 곤충들은 알을 지키고 애벌레를 돌보기도 해요.

식물은 이동할 수 없기 때문에 씨앗을 멀리 보내야 해요. 벚나무에는 버찌가 열려요. 동물들이 나무에 달린 달콤한 열매를 먹고 씨앗을 뱉으면 그 자리에서 새싹이 자라나요. 민들레는 씨앗이 멀리 날아갈 수 있도록 솜털을 달았어요. 바람을 타고 날아가던 씨앗이 적당한 장소에 떨어지면 싹을 틔우고 곧 노란 꽃을 피울 거예요!